QUELQUES MOTS

SUR LES

RELATIONS

DU CAPITAL ET DU TRAVAIL,

Imprimerie de Cosse et J. Dumaine, rue Christine, 2.

QUELQUES MOTS

SUR LES

RELATIONS

DU

CAPITAL ET DU TRAVAIL

PAR

F. DUCELLIER,

Agrégé d'histoire.

PARIS

IMPRIMERIE DE COSSE ET J. DUMAINE,

RUE CHRISTINE, 2.

1848

Les questions que soulèvent les relations du capital et du travail ont toujours été un sujet d'études
aussi grave que difficile; mais, jusqu'à ce jour,
elles étaient restées dans le domaine de la science
pure. Les événements qui viennent de s'accomplir
les ont fait passer de ce domaine dans celui de la
politique pratique. Il y a quelques jours encore on
doutait, même parmi les meilleurs esprits, que le
Gouvernement eût le droit non pas de régler souverainement ces relations, mais seulement de s'en
occuper, de les surveiller. Aujourd'hui l'on s'ac-
corde de toute part à lui demander son intervention. Les systèmes les plus divers viennent tous
réclamer d'un pouvoir qui n'existe pas encore,
qu'il mette ses forces à leur service et le somment
de résoudre en quelques heures des problèmes que
les études d'une génération entière ont à peine

suffi à poser. Aux difficultés que ces questions renferment en elles-mêmes, sont donc venues s'ajouter des difficultés nouvelles : les écoles socialistes deviennent des partis et transportent leurs discussions des livres sur la place publique ; désormais, aucune promesse ne peut être jetée au hasard aucune parole ne peut tomber sans être recueillie par les passions ardentes de la foule.

Avant qu'il en fût ainsi, nous avions essayé pour un recueil aujourd'hui disparu, de réunir quelques notions justes et précises sur ce sujet. Placé en dehors de tout intérêt privé comme de tout intérêt d'école, dans un temps où les ouvriers ne pouvaient donner ni le pouvoir ni une popularité lucrative, c'était au milieu d'eux, dans les écrits sortis du mouvement spontané qui les travaille, que nous avions surtout cherché à nous éclairer. Cet essai, nous le livrons aujourd'hui à l'impression. La révolution n'en a rien changé, ni le fond, ni l'esprit, ni même le langage ; car il importe plus que jamais de traiter de pareilles questions avec le calme de la science et en dehors des préoccupations du moment. Quand nous prenions la plume pour écrire ces lignes, nous ne nous étions nullement inquiété des préjugés de la bourgeoisie qui n'avait pas abdiqué le pouvoir ; nous honorons trop sincèrement le peuple qui vient de le prendre pour ne pas être aussi indépendant à son égard.

Un mot encore : nous faisons des allusions fréquentes à des hommes, à des livres. Nous n'avons pas voulu nommer parce que nous n'avons voulu discuter personne. Ceux à qui de pareilles études sont familières, connaissent les premiers éditeurs des opinions que nous discutons ; les autres n'ont pas besoin de les connaître pour juger où est la vérité.

10 *Mars* 1848.

QUELQUES MOTS

SUR LES

RELATIONS

DU

CAPITAL ET DU TRAVAIL.

Deux faits ont paru hors de doute à tous les écrivains qui, depuis quelques années agitent les questions sociales, et sont aujourd'hui reconnus sans discussion par l'opinion dominante. D'une part, la cause principale de la gêne, de la misère des travailleurs est attribuée à l'exagération des bénéfices prélevés par les capitalistes; en d'autres termes, à l'exploitation des ouvriers par les maîtres. D'autre part, on s'effraie de la puissance irrésistible des capitaux, qui semblent destinés à s'accroître indéfiniment, si des obstacles sérieux n'arrêtent leur essor.

1.

Qu'y a-t-il de vrai au fond de ces plaintes et de ces terreurs? Dans l'état actuel des choses, la part du capital est-elle trop forte, celle du travail trop réduite? L'industrie est-elle constituée de telle façon qu'en augmentant la somme des richesses existantes elle profite exclusivement à ceux qui possèdent déjà, et doive mener les travailleurs à un incurable paupérisme, pendant que les capitaux iraient se concentrer dans un petit nombre de mains.

Résoudre complétement la question n'est pas en notre puissance, et n'est en la puissance de personne. Tout au plus l'autorité publique pourrait-elle arriver à des résultats satisfaisants ; car il faudrait une enquête minutieuse et très difficile pour constater tous les faits, pour les déterminer dans chacune des mille branches de la production nationale, pour montrer quelle est dans chacune la part exacte du capital et du travail. Ce que nous pouvons seulement essayer, c'est de poser des principes qui permettent à chacun de juger sainement ceux des éléments de cette vaste en-

quête qui se trouvent à sa portée et le tou-
chent le plus directement.

Nous remarquerons, d'ailleurs, que nous
n'avons pas besoin d'une solution complète
pour tirer quelques conclusions pratiques, aujourd'hui, plus que jamais, nécessaires. Pour
savoir quel but il faut poursuivre, il n'est pas
indispensable de savoir au juste à quelle dis-
tance de ce but on se trouve. Tout ce que
l'homme peut faire, c'est d'opposer des con-
trepoids aux tendances mauvaises. Si donc, il
connaît d'où vient le mal et d'où peut venir
le remède, il est en mesure d'accomplir la plus
grande partie de sa tâche.

Nous essaierons donc d'abord de préciser
comment le produit brut doit être partagé,
soit entre le capital et le travail, soit entre les
divers travailleurs. Nous chercherons ensuite
comment dans la constitution actuelle de l'industrie, on peut protéger les intérêts lésés ou
seulement menacés, redresser ou atténuer les
abus, et enfin sur quelles bases et par quels
moyens il faudrait la reconstituer pour préve-
nir ces abus et satisfaire tous les intérêts.

I.

Avant tout, il importe de bien connaître ce que doit représenter le produit brut, la somme réalisée par la vente des produits sortis d'un atelier pendant le cours d'une année. Evidemment, elle doit représenter d'abord le prix des matières premières employées, ensuite le loyer du local où l'atelier est établi, le loyer du matériel, les intérêts du capital de roulement, ou, en un mot, le loyer des instruments sans lesquels le travail eût été impossible. L'excédant sera la valeur qu'a ajoutée aux matières premières le travail, c'est-à-dire, la somme d'activité et d'intelligence appliquée à les transformer.

Tout en supposant qu'il y a une valeur créée,

nous reconnaissons qu'à la rigueur cette hypothèse peut n'être pas vraie ; mais, évidemment, l'homme ne doit travailler qu'à la condition de produire quelque chose, et nous n'avons pas à nous occuper des cas exceptionnels où son activité mal dirigée se dépense en pure perte. Le résultat ordinaire, le but de l'industrie, est donc de créer une richesse nouvelle. Cette richesse, à qui doit-elle appartenir ? Doit-elle être tout entière employée à rétribuer le travail, ou bien le capital a-t-il quelque droit à en réclamer une part ?

Telle est la première question qui se présente à nous. La poser, c'est, ce nous semble, la résoudre : s'il y a une richesse nouvelle créée, elle n'est créée que par le travail. Les matières premières et le capital étaient impuissants à la produire, si le travail ne les avait mis en œuvre. Au travail seul appartient donc la richesse que lui seul a produite.

Et, en effet, quels sont les droits de la propriété et du capital ?

Le but de l'industrie étant de créer une richesse nouvelle, il est évident qu'elle ne doit pas détruire les richesses antérieurement existantes dont elle fait usage ; tout aussi bien que la maison louée pour établir l'atelier doit subsister, le capital employé pour le faire marcher doit se retrouver tout entier.

Il faut, en second lieu, que celui qui possède ces richesses et les prête pour faciliter la création d'une richesse nouvelle, soit indemnisé du gain dont il se prive.

Le loyer du capital comme celui du local, doit donc représenter cet intérêt légitime ; plus, une certaine somme destinée à le reconstituer, un amortissement. L'intérêt légitime ne varie que dans des limites assez restreintes : le second élément du loyer est, au contraire, beaucoup plus variable. Plus les risques sont grands, plus l'amortissement doit être rapide ou, si l'on veut, l'assurance élevée. Celui qui loue une maison pour l'exercice d'une industrie qui en compromet à chaque instant la durée, loue en conséquence, augmente son prix de la somme qu'il doit payer pour l'assurer ; il en doit être de même pour le capitaliste. Il a le même droit à se faire payer l'assurance, en même temps que l'intérêt de son capital, mais il n'en a pas d'autres, et ces droits sont les mêmes, qu'il s'agisse d'une propriété individuelle, d'un capital approprié ou d'une propriété nationale, d'un capital indivis appartenant à la communauté. Sans aucun doute, il vaudrait mieux encore perdre ce capital dans des entreprises industrielles sans profits, que de le distribuer en aumônes, parce qu'un travail stérile est plus moral que l'oisiveté ; mais il est évident, qu'à moins de vouloir mener une nation à son complet anéantissement, il importe de conserver toutes les économies que, sous une forme ou sous une autre, les générations antérieures lui ont léguées.

Cela établi, on peut concevoir que l'on sépare de consentement mutuel les deux éléments du loyer ; que le capitaliste consente à ne prélever que le simple intérêt de son argent, sauf à prendre pour l'amortissement une part dans le prix de vente des produits, cela ne change rien à la question : la richesse nouvelle créée ne consiste que dans l'excédant de ce prix de vente sur le prix des matières premières et des instruments de travail, et cette richesse appartient en entier au travail.

La part du travail déterminée, il faut la distribuer entre les divers travailleurs, directeur, administrateurs, contre-maîtres, ouvriers proprement dits. Comme, parmi ceux qui prennent part à la production, le plus grand nombre, c'est-à-dire les ouvriers, n'ont que leur travail pour vivre, il faut d'abord que chacun des travailleurs prélève une somme suffisante pour assurer sa vie.

Il est bien entendu que c'est seulement pour l'homme valide, d'une capacité moyenne et de bonne volonté, que nous raisonnons ici. Celui qui ne veut pas gagner sa vie n'a aucun droit; celui qui ne le peut pas, a sans doute droit aux secours de ses semblables, mais il ne peut prétendre à satisfaire ses besoins sur la part de profits qui appartient au travail auquel il n'a rien apporté.

Cette réserve faite, il est incontestable que sur les produits du travail il faut assurer d'abord la vie de chacun des travailleurs ; mais qu'appellerons-nous vivre?

Vivre, est-ce réparer ses forces juste de façon à ne pas succomber immédiatement? Evidemment, nous ne devons pas l'entendre ainsi. Pour vivre, il faut une nourriture substantielle, un habillement convenable qui garantisse des intempéries, des brusques changements des saisons; il faut, et avant tout peut-être, une habitation qui ne manque ni d'un air sain, ni de lumière.

Ce n'est pas tout : il faut que sur son gain le travailleur subvienne à l'entretien de sa famille. Le travail industriel n'est pas la destinée des femmes ni des enfants. Quels que soient les besoins de l'industrie, il y en a de plus respectables encore. La tâche véritable de la femme, c'est la tenue du ménage et l'éducation des enfants. Le premier besoin des enfants, c'est leur libre développement physique et moral. Le travail de la femme ne doit donc être qu'un accident; il doit donc dans les temps ordinaires pourvoir non pas au nécessaire, mais à l'aisance de la famille ; dans les temps de crise seulement, suppléer le travail de son chef. De même pour les enfants, le travail doit être le complément de l'éducation, et doit avoir surtout pour but de les former à la profession dont ils vivront un jour. Sans doute, il est naturel et juste que dans une certaine mesure l'enfant aide ses parents à porter le poids des charges communes, allége un peu le fardeau que sa présence impose ; mais, dès que l'industrie est constituée de telle sorte que le travail des femmes et des enfants n'est plus accidentel, mais habituel, que son produit est nécessaire à la vie du ménage, il n'y a plus d'obstacle possible à l'énervement physique et moral des générations.

Enfin, il ne faut pas oublier que l'homme a parfois besoin de repos ; que des accidents peuvent rendre pendant un temps plus ou moins long l'ouvrier incapable ; que la vieillesse viendra un jour, et, à moins de vouloir que, dans ses maladies et sa vieillesse, il ne devienne une charge importune que sa famille et la société chercheront à se rejeter, il faut compter la part nécessaire à la vie des travailleurs, de telle sorte qu'il puisse faire des économies pour les temps de maladie et pour ses derniers jours.

Il résulte de ce que nous venons de dire que la rétribution suffisante de chaque travailleur variera d'abord suivant le prix des denrées alimentaires, des choses usuelles, des habitations; c'est-à-dire, suivant les localités ; elle variera encore suivant le genre de travail. Il est évident que, dans beaucoup d'ateliers, il y a des postes dangereux ou insalubres, et que pour ceux qui les occupent, les risques d'accidents et d'infirmités prématurées sont beaucoup plus grands. Il faut, pour couvrir ces risques, augmenter leur part : il n'y a égalité qu'à cette condition.

La répartition de la richesse créée par le travail commencera donc par le prélèvement d'autant de fois la somme nécessaire à la vie d'un ouvrier qu'il y aura eu de têtes dans l'atelier (en comptant, bien entendu, pour une fraction de tête seulement celui qui n'aura donné que des journées réduites, ou un petit nombre de journées). S'il n'y a pas assez pour donner à tous de quoi vivre, on répartira par portions égales la somme tout entière, afin de répartir également les privations. Mais il peut arriver, il arrivera le plus souvent, que cette première répartition n'absorbe qu'une partie de la somme destinée à la rémunération du travail. L'excédant doit alors se partager suivant d'autres principes : suivant la capacité. Nous savons bien qu'une certaine école prêche l'égalité absolue des gains ; prétend que les facultés intellectuelles comme les facultés physiques, étant un don de Dieu, doivent servir à tous et non pas constituer les monopoles lucratifs à ceux qui les ont reçues ; mais, tout en reconnaissant que ce principe peut avoir, au premier abord, de l'attrait pour les âmes dévouées, nous devons constater qu'il n'est pas juste, et pourquoi il ne l'est pas. Pour conserver ou développer ses facultés, il faut un certain travail. La capacité supérieure représente donc les résultats accumulés d'un travail antérieur : elle a des droits ; et la mesure de ses droits était la part plus grande qu'elle prend à la production. Il faut donc ajouter à la part que chacun doit prélever pour assurer sa vie une part proportionnelle à l'augmentation que sa capacité, si l'on veut, son talent, apporte dans la production.

Ainsi, dans une forge, l'affineur doit évidemment gagner plus que le manœuvre, parce que son travail influe davantage sur la qualité et par conséquent sur la valeur des produits. Ainsi, dans une fabrique de tissus, le dessinateur et le mécanicien doivent être mieux rétribués que le tisseur.

C'est d'après ces principes que l'on doit déterminer la part qui revient au directeur d'une usine ou d'une entreprise. Elle sera d'autant plus considérable que sa présence sera plus nécessaire, que le succès tiendra plus à son activité, à sa capacité personnelle. Par exem-

ple, s'il est en possession d'un procédé parti-
culier, sa part, c'est tout le bénéfice qui résulte
de l'emploi de ce procédé. Le directeur a donc
droit, outre sa part de travailleur, à un prélèvement plus ou moins considérable.

Il est, on le conçoit, fort difficile d'apprécier justement cette rétribution proportionnelle
à la capacité. Si l'on peut fixer d'une manière
positive quelle est la somme nécessaire à la vie
des travailleurs, on ne peut déterminer avec
autant de rigueur quelle est la valeur relative
de leurs diverses aptitudes.

La difficulté augmente encore quand il s'agit
de la part de l'entrepreneur, du maître : il y
a ici une latitude encore plus grande, une plus
grande place à l'arbitraire. Il faut, toutefois,
se garder de tomber dans l'un ni dans l'autre
des deux préjugés qui, dans cette question,
obscurcissent souvent la raison, suivant le point
de vue auquel on se place. D'un côté, il faut
reconnaître que cette part doit être plus large
que celle du simple ouvrier ; que la position
du chef de maison entraîne forcément des dé-

penses plus fortes, des frais de représentation; que les soins qu'elle exige, les soucis qu'elle amène rendent nécessaire une plus grande somme de bien-être. D'un autre côté, il n'est nullement nécessaire que ce bien-être aille jusqu'au luxe, que l'industriel rivalise avec les plus riches propriétaires du pays.

La part du directeur doit donc être faite d'après les conventions particulières ; quelque élevée qu'elle soit, elle est légitime, du moment qu'un ouvrier ordinaire peut gagner de *quoi vivre*, et que par un excédant de travail ou de capacité, il peut gagner au delà, se donner une certaine aisance ou se créer un capital.

Tels nous paraissent être les vrais principes sur lesquels on peut fonder le partage normal du produit brut d'une industrie:

Au capital antérieur dont on se sert quelle qu'en soit la forme et le propriétaire, son intérêt et son amortissement ;

A chaque ouvrier, de quoi vivre;

A l'ouvrier capable, de quoi vivre d'abord, de quoi se créer un capital ;

Au directeur, outre sa part d'ouvrier, le prix de son talent.

C'est ainsi que doit se répartir la richesse nouvelle créée par le travail.

Malheureusement, il est impossible dans la pratique d'appliquer rigoureusement ces principes. L'ouvrier ne peut pas attendre, pour recevoir sa part, le moment où elle sera réalisée, le moment de la vente ; il a besoin qu'elle lui soit avancée, donnée presque jour par jour, au moins semaine par semaine.

La journée de l'ouvrier, c'est sa part de profits estimée à forfait et payée d'avance par fractions.

La journée devient ainsi une *marchandise* soumise aux mêmes règles que toutes les autres, et que les capitalistes cherchent à acheter au plus bas prix possible. En écartant même toute idée d'exploitation, de parti pris chez eux de s'enrichir au détriment de ceux qui ont besoin, il est évident que le salaire journalier ne peut égaler la part légitime du travailleur : pour diminuer ses risques, l'entrepreneur doit estimer cette part plutôt trop bas que trop haut; il doit tendre à ne payer que ce dont il est moralement certain de se rembourser. Il en résulte qu'il profite d'habitude de tout l'excédant qui se rencontre au bout de l'année, comme aussi il peut perdre une partie notable de ses avances.

Une autre modification, dont il faut tenir grand compte, est encore apportée dans la pratique aux principes que nous venons d'exposer. Le plus souvent celui qui procure aux ouvriers les instruments de travail n'en est pas propriétaire ; il emprunte lui-même pour prêter, et il a dès lors droit à faire payer son crédit.

Dans la constitution actuelle de l'industrie, le maître doit donc prélever, non-seulement sa part de directeur, mais la part du capital, et souvent le prix de son crédit ; tels sont les éléments divers dont se compose sa portion légitime. Pour reconnaître s'il y a bénéfice excessif, abusif de son côté, il faut donc défalquer d'abord ces deux derniers éléments. Toutefois, comme l'amortissement se fait à son profit seul, que les ouvriers dont la part est réduite pour reconstituer un capital, ne sont en aucune façon appelés à en profiter, il faut compter l'amortissement dans la part du maître.

De plus, pour reconnaître si l'ouvrier reçoit un juste salaire, il ne suffit pas de tenir compte du taux de la journée; il faut chercher le nombre moyen de journées de travail que chaque industrie donne aux ouvriers dans sa marche habituelle. Ainsi, dans une partie notable de la fabrique de tissus, des périodes alternatives d'activité et de chômage sont déterminées par des alternatives régulières et parfaitement prévues dans l'accroissement des demandes et l'élévation du prix des matières premières : il faut donc que l'élévation du salaire, pendant les moments d'activité, compense son absence totale pendant les moments d'inaction.

Ces règles connues, avant de prononcer que

dans telle ou telle (branche d'industrie) la
classe ouvrière est exploitée, il faut bien constater d'abord quelle est dans cette industrie
la rémunération du travail, la richesse créée ;
ensuite quelle part dans cette richesse est
remise au simple travailleur, quelle part revient au chef d'atelier. Dans notre conviction
intime, une enquête loyale et complète consta-
terait plus souvent qu'on ne le pense ou du
moins qu'on ne le dit aujourd'hui, qu'il n'y a
pas exploitation par le maître ; que le partage
se fait dans les limites de l'équité ; qu'il n'y a
pas non plus exploitation par le capital ; que si
le loyer des capitaux est très cher, cela tient
à la force des choses plus qu'à l'avidité de
ceux qui en sont détenteurs. Ce serait surtout
dans l'exagération des bénéfices réalisés par
les intermédiaires, par les commerçants, que
l'on trouverait une exploitation réelle ; car il
est évident que souvent le consommateur paie
beaucoup plus que l'industriel ne reçoit.

Mais quels que soient les faits particuliers,
il est évident aussi que, dans la constitution

actuelle de l'industrie, c'est aux dépens du salaire que se fait la concurrence. La plupart des industriels se proposent avant tout l'amortissement rapide du capital engagé : s'ils en sont propriétaires, pour doubler leur fortune ; s'ils n'en sont que détenteurs, pour s'en créer une ; et l'amortissement ne peut être rapide qu'en restreignant de plus en plus la part du travail. Est-il bon qu'il en soit ainsi? Le droit et l'intérêt public sont d'accord sur ce point, que les richesses antérieurement créées, les capitaux existants ne doivent pas se détruire ; mais il est contraire au droit comme à l'intérêt public que les capitaux se reproduisent aux dépens de ceux qui n'en profitent point.

Si donc, il est possible de forcer les maîtres à se faire concurrence par la réduction de leurs bénéfices annuels, ou la répartition en un plus grand nombre d'années de l'amortissement du capital engagé, c'est-à-dire d'empêcher la réduction abusive des salaires, on doit le tenter ; d'autant plus que la part proportionnelle du maître peut diminuer sans que sa part absolue diminue; qu'il peut regagner par l'extension et la meilleure gestion de ses affaires ce qu'il sera obligé de céder à ses ouvriers.

II.

Le droit d'intervention de la société nous
semble d'autant moins douteux que c'est elle
qui, en définitive, pourvoit à l'insuffisance des
salaires. Quand cette insuffisance est nécessaire, absolue, qu'elle provient de ce que l'âge
ou la maladie a rendu l'homme, malgré sa
bonne volonté, incapable de travailler, c'est
évidemment à la société d'y pourvoir; mais
quand cette insuffisance est relative, que des
ouvriers valides ne tirent pas de leur travail
de quoi vivre par suite de la mauvaise répartition des profits, il n'est pas juste que la
société se contente de réparer le tort qui leur
est fait. Elle a parfaitement le droit de surveiller cette répartition, de se défendre contre

ceux qui mettent à sa charge la rétribution d'un travail dont eux seuls profitent. D'ailleurs, la société voudrait s'abstenir, qu'en réalité elle ne s'abstiendrait jamais totalement. L'Etat dépensant annuellement un capital énorme, faisant exécuter d'immenses travaux , agit comme le plus fort entrepreneur du pays. Volontairement, ou à son insu, il a une action bonne ou mauvaise sur le taux des salaires.

L'Etat doit donc se préoccuper vivement des relations du capital et du travail; il doit intervenir en faveur des ouvriers. Mais de quelle nature doit être cette intervention? peut-elle, doit-elle être directe? doit-il chercher à assurer la vie du travailleur, soit en fixant au prix des denrées de première nécessité, un maximum calculé sur le taux ordinaire de la journée de travail, soit en fixant à la journée un minimum calculé sur le prix courant de ces denrées. Si l'un de ces systèmes était praticable et juste, ce serait le moyen le plus sûr en même temps que le plus simple de tout résoudre ; car il ne serait pas difficile d'établir des mercuriales mensuelles, sinon tout à fait exactes, du moins assez équitables pour ne léser sérieusement aucun intérêt.

Malheureusement ils ne sont ni praticables, ni justes. Essayé souvent dans l'enfance des sociétés, ou, ce qui revient au même, dans les débuts administratifs d'une classe nouvellement appelée au pouvoir, le système des lois de maximum a été jugé par ses résultats désastreux ; et, quand cette intervention de l'Etat dans des transactions qui, par leur nature, ont besoin de liberté, n'aurait pas le double inconvénient d'être tyrannique et d'arriver à un résultat tout contraire à celui qu'on se propose, une seule réflexion suffirait pour le condamner : c'est qu'en fixant un maximum à certaines denrées, on fixe en même temps un maximum de salaire à ceux qui travaillent à les produire ; en d'autres termes, c'est que l'on favorise certaines catégories d'ouvriers aux dépens d'autres catégories, et dans l'état actuel des choses sur beaucoup de points de la France, on sacrifierait aux moins malheureux ceux dont la misère est le plus poignante.

La fixation légale d'un minimum de salaire n'est pas, il est vrai, aussi absurde, aussi évidemment injuste ; elle n'est pas, d'ailleurs, condamnée par d'aussi tristes expériences que les lois de maximum, mais il n'est pas à désirer qu'elle soit mise à l'épreuve.

Une loi de *minimum* des salaires, n'est pas plus sérieusement exécutable qu'une loi de *maximum* pour le blé et la viande. Tant qu'il y aura des industriels qui voudront faire leur fortune, et des ouvriers qui, pour satisfaire aux nécessités d'un moment, pour réparer une folle dépense, auront besoin d'argent à tout prix, la loi sera éludée, et du moment où elle sera éludée par un certain nombre, elle sera frappée d'impuissance ; mais quand il serait possible d'avoir raison de toutes les mauvaises volontés et de tous les subterfuges, une telle loi n'en vaudrait pas mieux ; de quelque façon que l'on veuille s'y prendre pour établir ce minimum de salaire, on se heurtera contre des injustices flagrantes; on ne peut y arriver que de deux manières : ou bien l'Etat frappera d'une peine quiconque aura offert ou accepté du travail à un taux inférieur au taux légal, ou bien il complétera les salaires qui seront en dessous de ce minimum.

Dans le premier cas l'injustice saute aux yeux. De quel droit exiger de l'homme qui n'a point de pain, qu'il ne travaille pas à moins de deux francs par jour, par exemple? De quel droit obliger celui qui, possédant de quoi vivre, veut travailler pour se procurer des jouissances nouvelles, à s'en priver en prétendant obtenir de son travail plus qu'il ne vaut pour lui-même?

Dans l'autre hypothèse, on arrivera purement et simplement à payer une prime aux capitalistes et à démoraliser les ouvriers. Les uns n'auront aucune espèce de motif qui les empêche de se livrer à des spéculations où il soit impossible de trouver des profits assez grands pour que la part de l'ouvrier lui suffise; les autres s'habitueront vite à compter sur le secours de l'Etat, et ne feront aucun effort pour obtenir, par la plus grande valeur de leur travail, ce complément de salaire que la société leur offrira; ou bien pour éviter de pareils abus, il faudra entrer dans une voie d'investigations incessantes, de tracasseries perpétuelles.

L'intervention de l'État sera donc indirecte ; il respectera la liberté des transactions, il n'interviendra, ni entre le producteur et le consommateur, ni entre le maître et l'ouvrier. Il ne restera pas inactif pour cela : il agira, non sur les individus, mais sur les masses; non sur les faits particuliers, mais sur les faits généraux qui déterminent le taux des salaires ; il combattra les causes qui tendent à l'abaisser, il développera celles qui peuvent l'élever.

L'abaissement des salaires a pour cause principale la disproportion entre le travail à accomplir et le nombre des hommes qui ont besoin de travailler. Le Gouvernement doit donc tendre à maintenir l'équilibre entre ces deux termes.

Pour y arriver, il faut d'abord qu'il augmente, autant que possible, la somme de travail à répartir dans le pays.

Il importe beaucoup de remarquer qu'il ne suffit pas que l'État donne du travail à ceux qui en demandent, il faut qu'il n'enlève pas, en même temps, à d'autres l'ouvrage qui les fait vivre. Les ateliers nationaux ne doivent pas être ouverts en concurrence avec les ateliers privés, ce ne serait qu'un déplacement de bras et de capitaux qui ne profiterait à personne ; ils ne doivent s'ouvrir que pour exécuter ce que l'industrie privée ne pourrait ou ne voudrait pas faire. Il faut, en outre, que les travaux qu'on leur confie créent pour l'avenir une certaine somme permanente de travail, comme, par exemple, les défrichements qui laissent après leur exécution des cultures à continuer, créent à la fois des subsistances et de l'emploi pour les générations suivantes. Autrement, loin de porter remède au mal, on ne ferait que l'aggraver après avoir adouci, par un vain palliatif, quelques souffrances passagères.

En même temps qu'il augmentera la somme

du travail, l'État diminuera le nombre des travailleurs. Ici, encore, il ne peut agir directement ; mais le pays renferme un certain nombre d'hommes dont l'humeur inquiète ne peut s'accorder des difficultés que l'on rencontre pour arriver au bien-être au milieu d'une population condensée, et qui préfèrent le bien-être au sol de la patrie ; sans provoquer leur émigration, l'État doit la faciliter par la bonne administration de nos colonies, de l'Algérie surtout, et par le développement et la sûreté de nos relations extérieures.

A ces deux moyens d'action sur l'équilibre des bras et du travail, dont la puissance, bien que limitée, n'en est pas moins réelle, on est venu dans ces derniers temps en ajouter un autre qui semble plus héroïque, d'un effet plus certain : la réduction de la journée de travail à dix heures, réclamée surtout, du reste, dans l'intérêt de l'éducation morale et intellectuelle des travailleurs. Il est de toute évidence que si l'on retranche deux heures sur chaque journée, il faudra un certain nombre d'ouvriers de plus pour accomplir la même tâche; cette réduction équivaudrait donc à l'émigration d'une partie notable de la population ouvrière; elle combattrait énergiquement toute baisse artificielle des salaires. Malheureusement elle a tous les défauts, toute l'injustice des lois de maximum ou de minimum, elle n'est pas exécutable. La règle posée, il faudra multiplier les exceptions au point de la faire disparaître, ou l'on ne fera qu'aggraver une des grandes plaies de notre état social. Un fort grand nombre d'industries, toutes celles dont les produits doivent être créés en vue des nécessités passagères de la mode, ne marchent que par saccades; il en résulte qu'à certains moments de l'année, elles appellent un grand nombre de travailleurs supplémentaires qui ensuite se trouvent déclassés; la réduction de la journée dans ces ateliers activera le déclassement. Mais si cette mesure nous paraît dangereuse, et s'il est d'un autre côté souverainement injuste de ne pas laisser à chacun le soin d'apprécier ses propres forces, il nous paraît très juste et très possible d'imposer des limites sévères au travail des enfants, dans tous les ateliers quelque petits qu'ils soient. Le droit de l'Etat est ici le même que celui en vertu duquel il punit le tuteur coupable de sévices sur son pupille. Quant à l'effet de la mesure sur le taux des salaires, il est assuré. En exigeant des enfants un travail au-dessus de leurs forces, non-seulement on les énerve pour toujours, mais on chasse des ateliers les adultes qui ne peuvent leur faire concurrence. Cet abus est donc une des causes les plus actives de l'abaissement des salaires ; y mettre un terme est un des premiers devoirs de l'Etat.

L'Etat peut donc et doit par conséquent lutter contre l'abaissement des salaires, en travaillant à maintenir l'équilibre entre le travail et les ouvriers, mais il peut et doit plus ; il peut et doit employer l'énorme influence qu'il exerce sur le marché national à faire élever le taux des salaires.

Pour bien apprécier toute la puissance de ce moyen d'améliorer le sort des travailleurs, il faut remarquer que non-seulement l'État a une action directe sur la masse d'ouvriers qu'emploient certains services : la marine, les ponts et chaussées, le génie militaire, l'administration des forêts, et sur certaines industries dont il a le monopole (les tabacs, les poudres, les monnaies) ; mais qu'il peut également influer sur la condition de tous ceux qu'emploient les communes, les compagnies auxquelles sont confiés certains travaux d'utilité publique ; enfin, les industries soumises à sa surveillance directe, les mines, les industries dites insalubres. Il agit très indirectement, mais réellement sur la condition de tous ceux qu'emploient ses fournisseurs ; enfin, il est le maître d'une assez grande somme de travaux, ceux qui sont faits par les détenus des diverses catégories.

L'influence du Gouvernement est donc immense. Suivant les principes qu'il suivra, il peut évidemment changer la condition de la masse des travailleurs. Supposons qu'il agisse comme un spéculateur ordinaire, qu'il cherche l'économie à tout prix, il contribuera puissamment à la baisse des salaires ; supposons, au contraire, qu'il agisse en vertu d'autres principes, qu'il se propose comme un devoir d'assurer une rétribution suffisante à tous ceux qui, directement ou indirectement, travaillent pour lui, il donnera, au contraire, un élan favorable à la classe des travailleurs.

Avant d'entrer dans le détail des mesures que l'on peut demander à l'administration pour arriver à ce but, il faut nous arrêter à deux objections qui nous paraissent se placer surtout ici.

La première est tirée des nécessités financières du pays ; l'économie doit être la loi première de l'Etat. Administrateur de la fortune publique, il doit la ménager ; d'ailleurs, à quoi bon payer un prix élevé les journées des ouvriers pour augmenter l'impôt dont ils paient leur part en définitive ? Cette objection serait sérieuse si la rétribution équitable des ouvriers devait augmenter le chiffre des dépenses ; mais telle n'est pas notre hypothèse, car c'est par la réduction des bénéfices d'entrepreneurs que les salaires seraient augmentés : dût-on augmenter, du reste, le chiffre des dépenses, ce pourrait encore être une économie, si les charges que la misère fait retomber sur la société en étaient allégées ; et, quand cette augmentation ne serait point compensée pour l'Etat, il serait encore fort incertain qu'elle dût frapper ceux en faveur de qui on l'aurait consentie ; ou du moins, rien ne rend nécessaire un système d'impôts qui pèse sur les classes ouvrières.

D'autres objections plus spécieuses sont tirées des dangers qu'il y aurait pour l'ensemble du travail national à élever le prix de la main-d'œuvre, soit qu'on l'élève absolument, soit qu'on ne l'élève qu'au détriment des bénéfices d'entrepreneur. Dans le premier cas, on renchérit les produits nationaux, et l'on rend la lutte impossible sur les marchés du dehors. Dans le second cas, on diminue l'attrait des spéculations, on décourage les capitaux ; des deux manières, on rend plus diffi-

cile la concurrence contre les industries étran-
gères.

A ces objections, la réponse ne nous semble guère difficile. Nous ne comprenons pas
qu'il y ait nécessité de faire concurrence à
tous les produits des autres nations. Du moment où cette concurrence n'est possible qu'à
la condition de créer une classe de misérables
dans le pays, elle est plus qu'inutile, elle est
dangereuse.

Quant au découragement possible des capitalistes, nous n'y croyons pas ; s'il y a un
bénéfice à faire, il y aura toujours quelqu'un
pour l'essayer. L'industrie du sucre de bette-
raves est moins lucrative sous le régime de
l'impôt que sous le régime de la liberté absolue ; elle n'en est pas moins vivante pour cela.

L'administration érigera donc en principe,
que tout ouvrier qui travaille pour le compte
de l'Etat ou sous sa surveillance, doit recevoir
un salaire suffisant pour vivre.

Ce principe, une fois adopté, recevra mille
applications. Insistons sur quelques-unes des

principales pour montrer qu'il est facile de faire immédiatement beaucoup de bien dans cette voie, sans rien troubler, sans même avoir recours à des lois nouvelles.

L'état doit d'abord rétribuer convenablement les ouvriers qu'il emploie. Loin de profiter des occasions où la cherté des subsistances rend la main-d'œuvre moins exigeante, il doit, au contraire, suppléer dans ces circonstances à l'insuffisance du salaire habituel.

Il doit de même exiger un prix élevé du travail des détenus.

L'opinion publique s'est émue à juste titre, bien que l'on se soit peut-être exagéré un peu les faits, de la réduction du salaire dans les ateliers des prisons ; c'est en même temps une question des plus délicates et des plus complexes ; car il faut évidemment que le travail des détenus soit constant, n'éprouve point d'interruptions, par conséquent, que les produits trouvent un écoulement journalier : il faut encore que ce travail soit analogue au travail libre : autrement, le but *pénitencier* serait manqué, le libéré se trouvant rejeté sans profession dans la société. Il est donc également impossible d'appliquer l'activité des détenus aux fabrications de luxe, ou à un labeur inutile. Mais il n'est pas impossible de faire rétribuer plus largement les détenus par les entrepreneurs, à qui l'État loue leur travail, et d'atténuer par là les dangers de la concurrence qu'ils doivent faire au travail libre.

L'État paiera donc largement les ouvriers qui travaillent sous les ordres directs de ses agents, et ce qu'il fera lui-même, il le fera faire en son nom, il stipulera pour les ouvriers dans les cahiers des charges de tous les travaux qu'il commande. Il peut exiger des entrepreneurs qui les soumissionnent librement, des conditions que l'on ne peut imposer à l'industrie quand elle travaille pour elle-même. Nul ne contestera donc sérieusement à l'administration le droit de fixer dans les ateliers des travaux publics le nombre d'heures de travail effectif, et le minimum de salaire, d'y abolir le marchandage, de les constituer enfin de la manière la plus favorable aux travailleurs. De même l'État peut, il doit, par conséquent, n'admettre à concourir aux fournitures qui lui sont faites, que les fabriques ou les ateliers qui acceptent les mêmes conditions. Enfin, dans toutes les industries qui ne peuvent être exercées qu'avec son autorisation et sous sa surveillance, en échange des monopoles réels qu'il crée par son intervention, il stipulera pour tous les ouvriers qu'emploiera celui qui la demande. C'est ainsi qu'on ne laissera s'établir, sous quelque prétexte que ce soit, d'ateliers ou d'ouvroirs à salaire réduit. Quelque honorables que soient les intentions, c'est une mauvaise charité que celle qui, pour améliorer quelques positions particulières, compromet la condition de tous.

Ainsi donc, l'État respectera la liberté individuelle, il laissera au travail ses libres allures, parce que sans liberté il n'y a ni dignité ni moralité possible; il n'ira pas, sous prétexte de sauvegarder les hommes, les tenir constamment en tutèle, au point de leur rendre superflue toute idée de prévoyance ; et cependant il remédicra, sans aucun doute, aux abus les plus criants qui puissent sortir de la constitution actuelle de l'industrie : il les comprimera s'il ne les étouffe dans leur germe.

III.

Cela ne suffit pas. De ce que l'État peut par
son action vigilante forcer les maîtres à rap-
procher de plus en plus les salaires de leur
taux réel, à payer aux ouvriers toute la part
qui leur doit légitimement revenir, il ne résulte pas qu'il saura toujours le faire, et, d'ailleurs, en restreignant les mauvais effets de la
lutte, il ne la fera pas cesser. De plus, dans
la constitution actuelle de l'industrie, la part
légitime du directeur est arbitraire, elle peut
être considérable ; et pour prétendre à cette
part, à cette position, il faut avoir de l'argent
ou du crédit, et comme la majeure partie des
ouvriers n'ont ni l'un ni l'autre, ils en sont ex-
clus. On peut donc désirer un état de choses

qui assure d'une manière plus certaine les droits du travailleur et qui les étende.

Deux systèmes se présentent avec la prétention de résoudre la question immédiatement, de reconstituer l'industrie dans ce sens par la libre accession des volontés, et non par l'intervention de l'État; tous les deux praticables et pratiqués dans une certaine mesure; la participation des travailleurs aux bénéfices, l'association de l'*atelier*.

La participation des travailleurs aux bénéfices n'est pas une révolution dans l'industrie, ce n'est pas même une innovation.

Ce qu'on veut généraliser aujourd'hui systématiquement et sur une grande échelle, se pratiquait jusqu'à présent comme exceptions isolées. C'est un système déjà bien vieux que d'intéresser dans les bénéfices d'une maison, les commis ou même les ouvriers qui y trouvent un emploi constant; et, en effet, rien de plus naturel ; nous avons vu qu'il arrivait nécessairement que le salaire ne représentait pas toute la portion de bénéfices qui revient à l'ouvrier, qu'en estimant à forfait cette portion pour l'avancer, le maître était entraîné à l'estimer au-dessous de la valeur ; il est donc assez naturel que l'ouvrier reprenne au moment de la réalisation des profits ce qui a été réduit sur sa part : de là, cette formule adoptée comme la règle future des relations du capital et du travail : prélèvement des salaires d'une part, de l'intérêt et de l'amortissement de l'autre, partage des bénéfices excédants entre les travailleurs proportionnellement aux salaires touchés et le capital.

Cette formule peut être bonne et juste dans certains cas ; par exemple, pour les exploitations de chemins de fer ; mais ces exploitations ne ressemblent en rien à l'industrie ordinaire.

Une compagnie de chemin de fer n'a de relations qu'avec le public ; les recettes se font jour par jour ; la publicité des opérations est donc très facile, et comme, dans l'intérêt de l'entreprise, les mêmes travailleurs doivent y rester attachés le plus possible, on peut les retrouver pour leur rendre des comptes et

leur donner leur part éventuelle de bénéfices.

Sans aucun doute, ce qui s'est fait dans les
grandes compagnies de chemin de fer est d'un
bon exemple. Il y a, pour les employés, jus-
tice ; pour les actionnaires et pour le public,
garantie d'un meilleur service par l'étroite
solidarité de tous ceux qui y concourent. Mais
si l'on veut transporter ce système à l'industrie proprement dite, à un atelier de char-
pente ou bien de filature, comment s'appli-
quera-t-il, qu'apportera-t-il d'amélioration
réelle à la condition de l'ouvrier ?

L'entrepreneur, pas plus que le manufac-
turier, n'a de travail annuel, d'affaires conti-
nues ; l'un et l'autre ont une suite d'affaires
distinctes qui exigent un nombre d'ouvriers
différent ; il ne peut s'établir par la nature
même des choses de liens stables entre l'atelier
et l'ouvrier ; de plus, la recette n'arrive qu'un
temps assez long après l'achèvement des travaux. Il en résulte une difficulté fort grande

d'exécuter le contrat, de retrouver chacun pour lui donner sa part.

Allons au fond des choses. D'abord, dans ce système, l'amortissement se fait toujours sur la richesse produite par le travail, et cependant ne profite pas aux travailleurs ; ensuite, comme les risques retombent sur l'entrepreneur seul, seul il est juge de ce qu'il doit risquer, seul il apprécie la loyauté de celui qui lui fournit les matières premières, la solvabilité de celui pour qui il fait travailler. Le bénéfice éventuel que vous promettez à l'ouvrier peut donc toujours disparaître par suite des mauvais calculs de l'entrepreneur. Il y a plus, ses fautes personnelles en dehors des affaires peuvent également compromettre sa fortune, et, par conséquent, le supplément de salaire.

Quand même ce bénéfice éventuel serait pleinement garanti, il pourrait être dissimulé, et cette dissimulation serait difficile à empêcher. Dès que l'on ne s'en rapporte plus à l'affirmation du maître, il faut qu'il communique ses livres aux ouvriers, qu'il n'ait rien de caché pour eux, car c'est ainsi seulement qu'ils sauront au juste quels bénéfices leur reviennent; mais alors il n'y a plus de secret possible sur la position des gens avec qui contracte le chef de la maison, et une foule d'affaires lui sont interdites.

Vous arriverez d'ailleurs insensiblement à donner aux ouvriers un droit de contrôle sur les opérations, et même sur la gestion de la fortune privée du maître, puisqu'ils auront un intérêt reconnu à empêcher des opérations hasardées, des dépenses compromettantes.

Vous aurez donc une association déguisée, marchant mal; car il n'y a de possible que les choses simples et franches; les rapports déjà difficiles entre les chefs d'ateliers et les ouvriers deviendront intolérables.

La participation des ouvriers aux bénéfices annuels de la maison pour laquelle ils travaillent est donc sur l'état actuel des choses un progrès réalisable dans un certain nombre de circonstances : le plus souvent, elle est inapplicable ou hérissée de difficultés; elle n'est donc pas une solution.

L'association, telle que l'entend le journal *l'Atelier*, en est une au contraire. Elle pourra, dans l'avenir, donner à tous l'émancipation; en attendant, elle peut donner dès demain, à tous ceux qui le voudront, une position immédiatement meilleure sans léser personne, sans qu'ils y ait de discussion ni de lutte à soutenir contre personne.

Tout le monde connaît plus ou moins les théories du communisme et du phalanstère ; la popularité de *l'Atelier* a été, jusqu'à ce jour, beaucoup moins grande, et avec notre caractère national il en devait être ainsi, car *l'Atelier* n'avait rien qui dût frapper l'esprit, il n'attirait l'attention par aucun paradoxe.

Il ne prêchait pas de morale nouvelle ; sa morale c'est la morale de l'Évangile, le vieux système du sacrifice, du renoncement à soi-même : la morale sans laquelle il n'y a p as eu, il n'y aura jamais de peuple libre, sans laquelle le mot de fraternité n'est qu'un odieux mensonge.

Il ne prêchait pas non plus l'absorption de toutes les volontés par l'État, comme le dernier but auquel dussent nous conduire soixante ans de luttes pour la liberté. Il ne demandait pas en même temps, des droits politiques pour tous, et la substitution de l'État à la volonté libre des citoyens dans les questions qui les intéressent le plus.

En d'autres termes, des trois mots que la République française a empruntés à l'Évangile pour en faire sa devise, il n'en a pas oublié un seul.

Il y a un an, nous signalions à l'attention de nos amis l'existence et le développement de ce système, si différent de toutes les utopies qui, au nom de l'avenir, veulent un bouleversement, non-seulement de la société, mais du cœur humain.

Essayons de le bien faire saisir, de bien dire ce qui existe, comme nous l'avons compris du moins.

Des ouvriers dévoués, habitués à une vie chrétienne, se sont associés pour exercer une industrie sous la direction de gérants choisis par eux-mêmes, s'engageant à ne travailler que pour l'association et à exécuter toutes les commandes qu'elle viendrait à recevoir ; s'accordant mutuellement le droit de surveillance fraternelle de leurs actes en tant qu'ils intéressent la société.

Ils ont emprunté le capital nécessaire dont ils servent l'intérêt et l'amortissement.

Ils ont déterminé leur salaire journalier au taux moyen des salaires de leur industrie, et chaque semaine le gérant paie à chacun le nombre de journées qu'il a données à l'association.

A la fin de chaque année l'excédant, constaté par un inventaire, est divisé en sept portions.

Un septième est mis en réserve pour former un capital indivisible destiné à faciliter l'entrée de l'association à de nouveaux membres.

Le reste est réparti entre les associés, proportionnellement à la somme qu'ils ont reçue pour prix de leurs journées, mais chacun d'eux doit faire deux parts égales du capital qui lui est ainsi attribué. L'une reste au fonds social qui sert l'intérêt, et n'est remboursée au propriétaire où à ses ayants droits qu'à sa sortie de l'association : l'autre, sous le nom de capital libre, est mis à sa disposition sitôt que l'état de la caisse sociale le permet.

Ajoutons que les gérants chargés des relations commerciales et de la répartition des travaux entre les associés, reçoivent comme eux leur salaire, estimé au plus haut prix de la journée; comme les associés, ils sont admis aux répartitions annuelles, mais en outre des frais de représentation leur sont alloués quand il y a lieu.

Tel est en gros ce système : les détails du contrat sur lequel est fondée l'association et de son règlement intérieur importent d'autant moins ici qu'ils ont dû être rédigés sous une législation qui restreignait singulièrement les limites de l'association industrielle, et augmentait toutes les difficultés d'une pareille œuvre sans en résoudre aucune.

Les avantages de cette organisation industrielle ne sont pas difficiles à saisir ; d'abord, la lutte entre le capital et le travail, si elle n'est pas terminée, est singulièrement circonscrite. Les associés n'ont à débattre avec le capitaliste que le taux et les conditions de l'emprunt, connaissent parfaitement la part qu'ils lui ont consentie, 'et dès lors n'ont plus avec lui aucun sujet de lutte ni de discussion. D'ailleurs, le capital indivisible qui se constitue progressivement par les réserves de chaque année, constitue l'indépendance de l'association elle-même vis-à-vis des capitaux qu'elle appelle à son aide.

Ensuite, la condition des associés est évidemment beaucoup meilleure que celle de l'ouvrier libre. Ils gagnent à leur association d'avoir un travail plus régulièrement réparti, et ils joignent à leur salaire leur part dans la portion de bénéfices qui eût été dévolue au maître.

Non-seulement la condition des associés est meilleure, mais en améliorant leur sort, ils préparent pour l'avenir un sort meilleur à un certain nombre de leurs frères; en se faisant capitalistes, ils mettent des capitaux à la disposition de ceux qui veulent venir à eux.

Enfin, l'association est garantie contre la plupart des chances mauvaises qui viennent assaillir l'ouvrier dans la constitution actuelle de l'industrie. On comprend parfaitement que dans cet état de choses, les chefs de maisons pour arriver plus vite à la fortune, se fassent une concurrence téméraire : ils jouent gros jeu, mais ce n'est pas seulement à leurs dépens, c'est surtout aux dépens des autres; et, d'ailleurs, ils ne sont pas atteints de suite; quand ils vivent par anticipation sur des résultats qui n'arriveront jamais, ils peuvent se faire illusion. Il est évident qu'il n'en sera pas ainsi pour des ouvriers associés, qui ne pouvant soutenir la concurrence que par des sacrifices certains, immédiatement sentis par eux-mêmes, se garderont des spéculations hasardées, resteront industriels et ne se feront pas agioteurs.

Le système de l'atelier résout donc les plus graves difficultés de l'organisation du travail ; ajoutons qu'il les résout sans exiger de bouleversements, ni dans les principes économiques ni dans les principes de morale sur lesquelles ont toujours reposé les sociétés, parce qu'ils sont profondément gravés dans l'âme humaine.

Il reconnaît, il laisse pleinement subsister la rente, ne porte aucune atteinte au capital, ne détruit pas, pour alimenter la génération présente, le dépôt que le travail antérieur lui a confié, et en même temps il laisse au travail toute la richesse qu'il a produite, puisque l'amortissement des instruments de travail se fait au profit des travailleurs.

Il reconnaît le principe du partage proportionnel suivant la capacité de la richesse produite par le travail.

Il conserve au travail toute sa dignité, car l'associé n'abdique de sa liberté que ce qu'il

a bien voulu en abandonner dans l'intérêt com-
mun, et non-seulement il conserve la dignité du travail, il la rehausse même, puisque
chaque ouvrier est rattaché à la grande œuvre
de l'émancipation de ses frères.

Quel est maintenant le côté faible de ce système?

Le côté faible de ce système, c'est justement
ce qu'il a de trop élevé. L'association aujour-
d'hui existante, qui a traversé onze années de
difficultés intérieures et extérieures, n'a évidemment survécu que par le dévouement,
disons mieux, l'abnégation de ses membres. Ce
qu'on reproche donc surtout à l'*Atelier*, c'est
de trop compter sur les bons sentiments, les
bonnes qualités de l'homme, de ne pas tenir
assez compte de ses mauvais penchants.

C'est une objection sérieuse, trop sérieuse
malheureusement ; mais de ce que l'association des ouvriers exige de leur part beaucoup
plus de dévouement, tout au moins beaucoup
moins d'égoïsme que l'on n'en trouve d'habitude chez l'homme, ce n'est pas une raison

pour ne pas essayer de généraliser un essai déjà heureux. On se fait illusion, d'ailleurs, sur ces difficultés de réalisation : la direction d'une maison industrielle n'exige pas une capacité hors ligne, tant s'en faut. Du moins, dans un grand nombre de métiers, les lumières sont assez répandues pour permettre des applications immédiates. Reste la difficulté de faire marcher les associés d'accord sous un chef de leur choix ; mais la difficulté est la même dans tout atelier, elle est même singulièrement plus grande, puisque l'association les retient à la fois par le lien de l'intérêt et par le lien plus fort d'une œuvre commune. Dans l'atelier actuel, lors même que vous admettriez les ouvriers au partage éventuel des bénéfices, vous auriez mille chances de moins de maintenir le bon accord.

Tout ce qui nous paraît vrai, c'est qu'il ne sera jamais possible, même dans un avenir éloigné, d'arriver à substituer complétement cette forme à la forme actuelle de l'industrie. Nous regardons comme une utopie l'espoir

qu'un jour il n'y aurait plus d'ouvriers ni de
maîtres, mais des travailleurs associés. Les passions humaines sont malheureusement éternelles, et de même qu'il y aura toujours des
natures mauvaises auxquelles, pour leur bien
comme pour le bien de tous, la dure discipline
de l'atelier pénitentiaire devra être appliquée,
il y aura toujours des hommes que l'inconstance, l'horreur de la vie régulière, l'égoïsme,
éloigneront des associations, et qui préféreront
gagner moins, pourvu qu'ils restent isolés et
ne travaillent pas pour les autres.

D'un autre côté, il y aura toujours aussi des
industries qui se prêteront difficilement, qui
répugneront même à ce mode d'organisation.
Toutes les fois qu'il y aura nécessité d'un véritable talent chez les directeurs et de grands
hasards à courir pour les capitaux, il faudra
conserver le mode actuel. Evidemment, ce ne
sont pas des associations de travailleurs nouvellement créées qui pourront courir les chances d'une industrie nouvelle, et les associations
existantes depuis un certain temps ne devront

pas y compromettre le capital indivisible dont elles seront dépositaires.

Mais malgré ces réserves, il n'en est pas moins vrai que l'extension de plus en plus grande de l'association réagirait utilement sur l'ensemble des travailleurs. Elle contribuerait à élever leur niveau, à faire leur éducation, à répandre et à fortifier par la pratique les principes de fraternité. Le résultat le plus certain serait de réagir sur ceux-là même qui, incapables d'y entrer, préféreraient travailler dans les ateliers constitués suivant le système actuel. D'abord, l'état de chaque branche de l'industrie étant beaucoup mieux connu, étant éclairé comme par une enquête permanente, chacun saurait au juste la valeur de son travail ; ouvriers et maîtres pouvant connaître par les travailleurs associés la vérité exacte, les débats entre eux seraient moins longs, plus équitablement terminés.

L'ouvrier libre n'aurait d'ailleurs pas à se plaindre si, pour conserver son indépendance, il paie une prime à celui qui lui en évite les inconvénients, puisqu'il aura la porte ouverte, et qu'en acceptant les charges de l'association, il pourra participer aux bénéfices.

Il importerait donc à un haut degré de populariser sous toutes les formes l'idée de l'association ainsi entendue.

Or, le meilleur moyen de la populariser, c'est de la pratiquer; Gouvernement et citoyens, tous peuvent y contribuer.

Le Gouvernement peut l'aider puissamment en favorisant par des lois civiles les associations, sinon perpétuelles, du moins à long terme.

Il le peut par des prêts faits avec intelligence. Avec un million d'avances remboursables par vingtièmes, l'Etat assurerait la formation et le développement d'un nombre d'associations assez considérable pour rendre l'expérience décisive, et ferait, sans rien distraire du capital national, plus de bien qu'avec dix millions distribués en suppléments de salaire.

Une partie des fonds confiés à l'Etat nous semble avoir d'avance, par sa nature, cette destination : nous voulons parler des fonds de la caisse d'épargne. L'économie qui, quoi qu'on en dise, est le plus souvent une vertu, deviendrait ainsi non-seulement utile à ceux qui la pratiquent, mais utile à tous, et s'il est vrai que l'avarice sordide, ou quelquefois même la fraude aient trouvé un encouragement dans l'institution de l'épargne populaire, on ferait tourner même ces mauvaises passions au plus grand bien-être de la masse.

Quant aux citoyens qui n'appartiennent pas à la classe ouvrière proprement dite, à tous ceux qui ne doivent pas leur vie au seul travail de leurs bras, ils peuvent aider les associations soit en leur confiant quelques capitaux, soit en préférant les ouvriers associés pour les commandes qu'ils ont à faire.

Mais s'il est une classe de citoyens capable de donner un élan immense à l'association industrielle, c'est le clergé. L'idée de l'*Atelier* est profondément chrétienne ; le clergé ne saurait tarder à le comprendre. Déjà sur quelques points, il a essayé d'entrer dans cette voie, il a voulu moraliser l'industrie ; mais il a manqué le but en transformant les associations qu'il patronnait en couvents, de telle sorte qu'il détruisait la famille, et ne travaillait que pour l'individu. Qu'il donne son concours si puissant à une idée féconde, et il aura bientôt levé une grande partie des obstacles moraux et matériels qui la compriment encore.

———————

L'œuvre de la nouvelle Constituante qui va bientôt sortir de la volonté nationale, sera sociale avant que d'être politique. Sans doute, il importe de donner de bonnes formes politiques à un pays, mais ces formes sont un moyen, et tout en choisissant le meilleur moyen de parvenir, il ne faut pas oublier le but. Depuis trop longtemps, nous ressemblons fort en

France à certains directeurs de fermes modè-
les, qui passant des années à chercher la meilleure charrue, et à former les meilleurs valets
de labour, ne produisent ni blé pour le pays qui
en a besoin, ni bénéfices pour leurs bailleurs
de fonds qui se ruinent, tandis que leur voisin
avec une charrue absurde et des valets igno-
rants, s'enrichit et enrichit son canton, parce
qu'il va droit au but et qu'il n'oublie jamais
qu'il est laboureur pour vivre de son travail
et faire vivre ceux qui l'entourent.

Un gouvernement est gouvernement pour
faire vivre le peuple dont les événements et
Dieu, qui en est le maître, lui ont confié la
direction. Peuple ou roi, le souverain a pour
première mission de servir les intérêts moraux
et matériels de l'humanité. Sans doute, il vaut
mieux que les agents et les formes de son action se rapprochent le plus qu'il est possible
à la fragilité humaine de l'idéal que nous
pouvons concevoir, mais quels que soient les
agents et les formes, s'il est bien pénétré du
but qu'il veut atteindre, il y atteindra.

Le rôle des divers partis constitutionnels est aujourd'hui terminé. Ce qui leur reste à faire, c'est de se fondre ensemble, non pas pour sauver les principes sur lesquels repose notre civilisation ; ils ne sauraient être compromis ; mais pour abréger autant que possible les épreuves et les tâtonnements. La bourgeoisie a abdiqué ; qu'elle comprenne son rôle, qu'elle s'avoue franchement que dans le peuple est aujourd'hui l'initiative, qu'elle se mette sans arrière-pensée au service des bonnes idées que jette dans la société l'initiative populaire.

Ce qu'elle doit demander à la Contituante, ce n'est donc pas de réaliser toutes les théories, tous les rêves que les romanciers socialistes ont dans ces derniers temps propagés au milieu d'immorales excentricités ; mais en s'inquiétant du sort des travailleurs, de respecter la liberté, c'est-à-dire, la dignité et la moralité du travail ; de réorganiser l'administration dans ce double but, d'aider enfin le développement pratique sur une grande échelle de l'association de *l'Atelier*, comme devant être dans l'avenir l'organisation industrielle dominante.

Cette idée-là est sortie spontanément du sein du peuple. C'est elle qu'il faut résolument servir. C'est à elle que nous voudrions, si notre voix en avait la puissance, rallier tous ceux qui, sous les diverses bannières qui nous divisaient, il y a un mois encore, poursuivaient un même but : l'accomplissement des destinées que nos pères de la première Assemblée nationale avaient fait entrevoir à la France.

* 9 7 8 2 0 1 2 9 9 4 7 8 2 *